Todos los libros de Linkgua Ediciones cuentan con modelos de Inteligencia Artificial entrenados por hispanistas. Pregúntale al chat de tu libro lo que desees acerca de la obra o su autor/a.

Para **ebooks**: Accede a nuestro modelo de IA a través de un enlace.

Para **libros impresos**: Escanea el código QR de la portada con tu dispositivo móvil.

Obtén análisis detallados de nuestros libros, resúmenes, respuestas a tus preguntas y accede a nuestras ediciones críticas generativas para una experiencia de lectura más enriquecedora.
La transparencia y el respeto hacia la autoría de las fuentes utilizadas son distintivos básicos de nuestro proyecto. Por ello, las respuestas ofrecen, mediante un sistema de citas, las fuentes con las que han sido elaboradas.

Fernando Ortiz

El choteo

Barcelona 2025
Linkgua-ediciones.com

Créditos

Título original: El choteo.

e-mail: info@linkgua-ediciones.com

Diseño de cubierta: Mario Eskenazi

ISBN rústica ilustrada: 978-84-9424-749-1.
ISBN ebook: 978-84-9642-829-4.

Sumario

Brevísima presentación

El ensayo *El choteo* de Fernando Ortiz es una obra olvidada, clave para comprender la complejidad del fenómeno cultural cubano conocido como «choteo». Sin embargo, sería incompleto hablar de esta obra sin mencionar *Indagación del Choteo*[1] de Jorge Mañach, otro texto seminal que aborda este tema desde una perspectiva diferente.

Ambos autores reconocen la importancia del choteo en la cultura cubana, pero su enfoque para analizar este fenómeno varía. Mañach lo considera «una forma de relación típicamente cubana», enfocándose en su particularidad y unicidad dentro del contexto cubano. Mientras que Ortiz, quien empieza su texto haciendo alusión al ensayo de Mañach, amplía el espectro de su análisis incluyendo influencias de la cultura africana y española y su universalidad en la experiencia humana.

Ortiz presenta un enfoque sistémico que trasciende las fronteras cubanas, extendiendo el tema a una dimensión más global o «universal del hombre». Su análisis, nutrido por una extensa y profunda investigación, examina las raíces culturales y sociales del choteo, incluso sus implicaciones éticas y revolucionarias. Mañach, aunque también exhaustivo en su estudio, se mantiene más enfocado en la idiosincrasia cubana.

Uno de los puntos de divergencia más interesantes entre las dos obras es cómo ven la función social del choteo. Mientras Ortiz lo ve como un «corrector de vicios y estimulador de virtudes», Mañach lo observa más como un espejo de la sociedad cubana, reflejando sus peculiaridades, vicios y virtudes.

1 Barcelona, Linkgua Ediciones, 2025.

En lo que respecta al estilo, el texto Ortiz quedó como un proyecto pendiente de desarrollo, lo que aporta un elemento de autenticidad y profundidad a su trabajo. Por ello la presente edición incluye las variantes, tachaduras y correcciones del manuscrito original. En cambio, el enfoque de Mañach es más académico y estructurado.

Ambos ensayos contribuyen de forma invaluable al entendimiento del choteo, pero desde ángulos complementarios. *El choteo* de Ortiz, con su profunda introspección y su enfoque multicultural y sistémico, es esencial para cualquier investigador o lector interesado en una comprensión global del fenómeno. *Indagación del Choteo* de Mañach, por otro lado, ofrece una vista más cercana y personalizada del choteo como un fenómeno intrínsecamente ligado a la cultura cubana.

El choteo I[2]

1

Una de las más eficaces defensas de los pueblos y grupos humanos en trance de opresión ha sido la befa,[3] que aquí llamamos el choteo.[4]

2

El choteo es tan característico del alma afroamericana[5] que aquí se nos impone una investigación. Jorge Mañach hizo ya su *Indagación del choteo*. Quizás logremos acrecerla.[6]

3

El choteo, digámoslo desde ahora, es un fenómeno complejo de emoción, de jocundidad, facundia primitividad y gregarismo.

4

La emotividad le da su impulso invencible; la jocundidad le presta su atractivo contagioso; la facundia le aporta su ex-

2 Tachadura: su aristofobia
3 Tachadura: por la risa y la burla
4 Tachadura: complejo de emoción, de risa y, de burla, de gesto, de palabra lenguaje y de ética
5 Tachadura: cubana
6 Tachadura: completo

presión inteligente; la primitividad sus maneras; y el gregarismo su ética,[7] la defensa[8] su motivo.

5

Los hombres primitivos, los niños, los intelectualmente inmaduros, son los predominantemente emocionales, los que irrumpen en la reacción inmediata e irreflexiva; son los que más ríen, los que más maldicen, los que más se agregan, los que en su inferioridad están más a la defensa. De ellos es el choteo.

6

La jocundidad como una dulzura de azúcar, recubre la gota emocional de ácida maledicencia vulgar y la convierte en simbólico confite de choteo.

7

Por la etimología del vocablo nada podemos inferir.

8

En nuestro libro *Catauro de cubanismos*, La Habana, 1923,[9] dijimos:

> CHOTEAR, Su etimología, según la Academia, proviene de choto. Nos parece algo arbitraria, pues ninguna de las acep-

7 Tachadura: propósito
8 Tachadura: opresión
9 Barcelona, Linkgua Ediciones, 2025.

ciones de esta voz castellana explica la acción despectiva del CHOTEO.

Presumimos que pueda ser de origen gitano, como chota. Chiota en caló significa saliva, 1) de donde acaso se deduce chota 2), el «delator», por metáfora; y chiotar es «escupir», de donde los gitanos pudieran haber hecho, con una simple metátesis, choitar, que significa «salivar», «llenar de saliva»; y de ahí nació el cubano chotear.

El choteo II

(En la ficha aparece escrito: Envidia África.)

1

Se ha pensado[10] que en el choteo suele haber un impulso de envidia. Es así: pues le envidia es una de las emociones del gregarismo misoneista.

2

La envidia, ciertamente no es pecado privativo de ningún pueblo ni raza.

Ni tampoco lo es la desconfianza contra el hombre superior.

3

Según Bertrand Russell «la envidia es una de las pasiones humanas universales y profundas. Se advierte va en los niños, al cumplir un año.[11] Pero los niños no hacen otra cosa que expresar con un poco más de sinceridad la envidia y los celos (una forma especial de envidia) que las personas mayores. La emociones tan comunes en los adultos como en los niños».[12]

10 Tachadura: dicho

11 Tachadura: y todo educador debe tratarla con el más respetuoso cuidado. La más ligera apariencia de favorecer a un niño a expensas de otro es instantáneamente observada y sentida. Todo el que trata con niños debe adoptar una justicia, distributiva absoluta y rígida.

12 Bertrand Russell, *La conquista de la felicidad*, Ed. de Chile, pág. 79.

4

Sobre todo, se ha advertido más y el recelo en los niños, en las mujeres, en los campesinos, en todos los seres de tendencias gregarias.

5

El hombre común recela siempre de los superiores. El guajiro o campesino no se fía del capitaleño. «El hombre de la calle mantiene un instintivo temor contra los hombres brillantes»,[13] seguramente hay en ello alguna justificación, dado el frecuente cinismo del hombre encumbrado contra el inferior; y también ello es producto de falta de comprensión y de prejuicio y hasta de envidia; pero la desconfianza por lo general no se hace repelente y agresiva y la envidia no se torna sañuda sino cuando responden a instintos sociales primarios, a una función ofensiva de supervivencia.

6

Por esto hay envidia en los pueblos primitivos, y en los aldeanos, de pequeña órbita y apretada masa muscular.

7

El espíritu agresivamente igualitario tarda en ser abandonado por las instituciones políticas y religiosas de la humanidad, todavía en Grecia.

13 Ralph de Pomerai, *Aphrodite or The Future of Sexual Relationships*, Londres, 1936, pág. 109.

El choteo III

(En la ficha aparece escrito: El[14] choteo)

Su bivalencia social.

1

El choteo es una fuerza ética, no importa si bien o mal polarizada. Siempre es de tendencia social normativa. Pero en este sentido es bivalente, cuando se ejercita en una sociedad estratificada.

2[15]

El choteo en Cuba será relajo, pero así relajea lo que tiene por indebidamente sobreimpuesto como lo que tiende a apartarse de lo debidamente establecido.

3

Según el punto de la estratificación social o cultural en que el choteador se sitúe así será la dirección ética de sus dardos burlescos. Estando arriba,[16] el choteo tendrá trayectorias distintas de las que se traza cuando arrancan desde abajo. Pero, en uno y otro caso, quien chotea es un servidor de su grey, movido por la conciencia de su grupo social.

14 Tachadura: negro
15 Tachadura: Para que se coloque en un punto singular (variante: elevado) del régimen social
16 Tachadura: en el poder

4

Será fundamentalmente conservador el choteo, así cuando ataca a los insumisos contra la norma social que el choteador tiene por imperativa; como cuando se dirige contra las normas y autoridades que el[17] aquél (sic) estima como abusivas e injustas, es decir contrarias a un criterio de justicia y de orden[18] que él estima primordial.

5

Esencialmente, el choteo es más la expresión jocunda del conformismo gregario contra la insumisión que una[19] estratagema de la insurgencia.

6

Es más un fenómeno de inercia y de continuismo que de transmutación.

7

El choteo es un derecho penal consuetudinario de la autoridad democrática ejercido directamente por el pueblo. Es la sanción de un desacato contra la voluntad de la grey.

8

El choteo ha solido escucharse desde arriba, desde el minarete. Cuando los almuédanos han sentido el choteo que in-

17 Tachadura: agresor
18 Tachadura: superior
19 Tachadura: maniobra revolucionaria

terrumpía sus invocaciones a Alá y a la fe del Profeta, lo han creído siempre sacrílego. Y lo ha sido con frecuencia, plebeyuno y negador de las exaltaciones superadoras. Pero hay que oírlo también desde abajo. Junto al manadero, los guijarros y el fango. Entonces los...[20]

20 Pasaje incomprensible. (N. del E.)

El choteo IV

Las expresiones orales del choteo.
[el tuteo
el epigrama, al apodo
la trompetilla
la cropolalia
la blasfemia
el silbido]

1

El choteo para su función de defensa y de cohesividad gregaria[21] emplea todas las expresiones que son eficaces para significar burlonamente su sentido de repelencia. El choteo acude a la risa, a los ademanes, a los gestos y a las palabras.

2

Prescindiremos aquí, al tratar del lenguaje del choteo, de las gesticulaciones y ademanes, de sus expresiones plásticas para limitarnos a las verbales, o mejor dicho, a las orales o bucales.

3

Como expresión de ese espíritu[22] gregariamente parejero, igualitario o de choteo demolitorio hay que considerar la frecuencia del tuteo en Cuba.

21 Tachadura: ha tenido y tiene todavía
22 Tachadura: misoneista y

4

El tuteo no sólo es una expresión niveladora, es un choteo del tratamiento jerárquico, un desenmascaramiento que dice: «este hombre es como tú».

5

No pudiendo el inferior social[23] usar el don indicativo de categoría para igualarse en lo alto,[24] la paredura se lograba[25] abajando con el tú.

6

Ya hemos dicho cómo el choteo es en Cuba un signo de igualdad lograda o apetecida, de trato parejo o parejero.[26]

7

Cuando el choteo arremete contra el[27] mal encastillado y quiere[28] abatirle su escarpado[29] rango, lo asalta de golpe con un tú, disparado[30] contra la torre del homenaje.

23 Tachadura: tener
24 Tachadura: el impar
25 Tachadura: con el tú en
26 Vide ut supra, pág.
27 Tachadura: subido
28 Tachadura: subir
29 Tachadura: de su culto
30 Tachadura: como una catapulta

El choteo V

La guataquería

1

No puede comprenderse por completo la psicología del choteo sin considerar su reverso, que es la guataquería. Ambos son[31] ramas gemelas de una misma troncalidad gregaria.[32]

2

No estará, pues, de más que aquí hagamos un escorzo de sus perspectivas ya que antaño hizo estragos en la lírica mulata y todavía los hace hasta el ludibrio en la vida colectiva.

3

La etimología del vocablo guataquería nos dice muy poco.[33]

4

La entrega de un azadón o guataca por un culpable de contumelia como pena o indemnización al injuriado en castigo de la afrenta es una institución de los negros bantú llamada baila.[34] La guataca es allí precisamente lo contrario del ultraje, el emblema del reconocimiento de un respeto, la rectificación de un choteo ofensivo.

31 Tachadura: fenómenos
32 Tachadura: Uno y otra se complementan
33 Véase Fernando Ortiz, Barcelona, Linkgua Ediciones, 2025, *Glosario de Afronegrismos*.
34 E. W. Smith and A. M. Dale, *Ibídem*, Vol. I, pág. 377.

5

El choteo y la guataquería son fenómenos correlativos.[35] El choteo se combate con la guataquería y de la guataquería se reacciona por el choteo.

Ambos son fenómenos psicosociales de carácter antitético pero concordantes en una misma función reguladora como la palanca de aceleración y el freno de la retranca.

6

La guataquería es el choteo al revés, pero no al contrario. Ambos se complementan en el mismo campo de cultura espiritual y social en que germinan,[36] una y otro son como anverso y reverso de una misma rueda[37] niveladora.

7

La risa, siempre desaprobadora cuando se[38] articula en palabras o en gestos se convierte en choteo; así como la sonrisa, siempre aquiescente y concordante, al traducirse en lenguaje,[39] gesticulación y ademanes se trueca en guataquería.

8

El choteo va desde la sonrisa irónica, que ya es choteo disimulado, hasta la risa franca y la befa cruel, inspiradora de los

35 Tachadura: complementarios
36 Tachadura: La guataquería es la acción complementaria del choteo,
37 Tachadura: aplanadora
38 Tachadura: traduce en palabras (variante: hace verbal y)
39 Tachadura: palabras

pillueles callejeros que apedrean a un pobre loco[40] estrafalario. La guataquería se extiende desde la...[41]

40 Tachadura: inocuo y
41 Pasaje incomprensible.

El choteo VI

Declinación y simbiosis del choteo y la guataquería.[42]

1

Por la investigación que antecede parece comprenderse que el choteo y[43] la guataquería[44] son actitudes[45] propias de una conciencia gregaria, fuertemente misoneista, tal como se encuentra en las sociedades de escaso desarrollo, de economía[46] colectiva simple y de una correlativa cultura, poco desenvuelta, aún en la

2

fase de la conceptuación mágica y paralógica.

3

En los países[47] de América no pocos de sus elementos demogénicos, así blancos e indios como moros, aun cuando hayan perdido el recuerdo de sus ancestrales culturas conservan las arcaicas actitudes de su comportamiento social y el inconsciente mecanismo de sus reacciones sigue operando en la forma característica de los gregarios.

42 Tachadura: la novelería
43 Tachadura: y con el engreimiento que lo engendra y
44 Tachadura: en el servilismo
45 Tachadura: consiguientes
46 Tachadura: comunitaria, concentrada y poco compleja
47 Tachadura: coloniales

4

Comprendida la función de ajuste social realizada por la conciencia gregaria por medio del choteo y de la guataquería y conocidas las raigambres[48] hispánica y africana[49] de tales[50] procedimientos de social reajuste, parece conveniente intentar su positiva valoración en los países de América y en particular en nuestra patria, Cuba.

5

En América ni el choteo ni la guataquería pudieron ser lo que allende el Atlántico.

6

En el ambiente americano el gregarismo de la psicología lugareña, así del negro rústico de África como del blanco pueblerino y villanesco de Iberia, se vació[51] también en formas de choteo y guataquería; pero aquí tuvieron matices distintos, se diría de mulatez.

7

El negro trajo a los modos americanos su emotiva e inagotable[52] jocundidad y sus recelos y desplantes de subyugado; el blanco les aportó su pomposa jactancia,[53] aquí acrecida

48 Tachadura: étnicas e históricas
49 Tachadura: de esos modos de expresiones
50 Tachadura: actitudes
51 Tachadura: en nuevas
52 Tachadura: jocosidad
53 Tachadura: histórica arrogancia

por el privilegio, y su[54] autoritarismo, intransigente hasta la obcecación de la heroicidad estéril.

54 Tachadura: intolerancia autoritaria hasta la

El choteo VII

El figurado, la parejería, la novelería, y el picuismo[55]

1

Este fenómeno de la parejería aparece en el proceso de transculturación como una fase intermedia, la tercera según el esquema de Thurnwald. Cuando el individuo o el[56] grupo social aplastado comprenda que su[57] intransigencia es[58] ineficaz y que hasta su[59] adecuación periférica le es poco ventajosa, los más perspicaces de su grupo suelen caer en un abatimiento de su conciencia personal o social, en un complejo de inferioridad que les induce a creer que la solución del conflicto

2

de su impacto social está en la anulación de las discrepancias, suprimiendo integralmente[60] y a toda prisa[61] los caracteres tradicionales y típicos de la cultura vencida.

Ya en esta actitud, así los blancos como los negros[62] incurren en una conducta engañosa. Unos y otros menosprecian las distancias culturales que hay que recorrer. Ambas partes

55 Tachadura: y el intrarracismo
56 Tachadura: la masa
57 Tachadura: existencial
58 Tachadura: inútil (variante: imposible)
59 Tachadura: repelencia
60 Tachadura: totalmente
61 Tachadura: todos
62 Tachadura: caen

creen que con dotar al grupo atrasado de los medios de aproximación a las

3

posiciones mentales y sociales ya logradas por los blancos, el problema de la transculturación será[63] resuelto por el blanqueamiento de los negros. Thurnwald advierte claramente cuán ingenua e insatisfactoria es esta creencia, pues el[64] éxito verdadero no puede consistir en la transmutación de negros y blancos sino en el ascenso de unos y otros a los más altos niveles de cultura; cada raza, como cada nación, como cada individuo de acuerdo con el ritmo que le sea impuesto por el genio de su propia personalidad.

4

Pero en esa fase intermedia de la transculturación[65] los negros son inducidos a buscar su mejoramiento en la imitación incondicional e irreflexiva del blanco, sobreestimando todo lo que es de carácter europeo o caucasoide, y sustituyendo totalmente la africana escala de valores, que ellos ya estiman en todo fracasada, por la escala de las valoraciones blancas, que ellos adoptan ciegamente aun cuando no[66] podrán aplicarla íntegramente por la heterogeneidad irreductible de sus puntos de referencia.[67]

63 Tachadura: solucionado
64 Tachadura: propósito
65 Tachadura: la intermedia, la tercera de las cinco de Thurnwald,
66 Tachadura: sepan manejar
67 Thurnwald, *Black and White in East Africa*, pág. 378.

Libros a la carta

A la carta es un servicio especializado para

empresas,
librerías,
bibliotecas,
editoriales
y centros de enseñanza;

y permite confeccionar libros que, por su formato y concepción, sirven a los propósitos más específicos de estas instituciones.

Las empresas nos encargan ediciones personalizadas para marketing editorial o para regalos institucionales. Y los interesados solicitan, a título personal, ediciones antiguas, o no disponibles en el mercado; y las acompañan con notas y comentarios críticos.

Las ediciones tienen como apoyo un libro de estilo con todo tipo de referencias sobre los criterios de tratamiento tipográfico aplicados a nuestros libros que puede ser consultado en Linkgua-ediciones.com.

Linkgua edita por encargo diferentes versiones de una misma obra con distintos tratamientos ortotipográficos (actualizaciones de carácter divulgativo de un clásico, o versiones estrictamente fieles a la edición original de referencia).

Este servicio de ediciones a la carta le permitirá, si usted se dedica a la enseñanza, tener una forma de hacer pública su interpretación de un texto y, sobre una versión digitalizada «base», usted podrá introducir interpretaciones del texto fuente. Es un tópico que los profesores denuncien en clase los desmanes de una edición, o vayan comentando errores de interpretación de un texto y esta es una solución útil a esa necesidad del mundo académico.

Asimismo publicamos de manera sistemática, en un mismo catálogo, tesis doctorales y actas de congresos académicos, que son distribuidas a través de nuestra Web.

El servicio de «libros a la carta» funciona de dos formas.

1. Tenemos un fondo de libros digitalizados que usted puede personalizar en tiradas de al menos cinco ejemplares. Estas personalizaciones pueden ser de todo tipo: añadir notas de clase para uso de un grupo de estudiantes, introducir logos corporativos para uso con fines de marketing empresarial, etc.

Printed in Poland
by Amazon Fulfillment
Poland Sp. z o.o., Wrocław